바늘이 쏟아진다

임성규 시집

시인동네 시인선 218

임성규 시집

바늘이 쏟아진다

시인동네

시인의 말

쏟아지는 햇살을 눈감지 않고
볼 수 있다면……

눈앞이 깜깜해질 때마다

초록 잎을 눈에 댄다.

2023년 11월
임성규

차례

제2부

제3부

제4부

제1부

아버지의 붓

슬픔이 바닥을 쓸고 오는 소리 듣네

멈추지 마

소리치고 망설이는 저 떨림을

어쩌지

휘어진 어깨에

내리는

흰 재는

냄비

그을음이라 써놓고
그리움으로 읽는다

오래된 바닥에 눌어붙은 불의 기억

닦는다 속살 보일 때
붉어지는 네 낯빛

들썩이는 뚜껑을 슬며시 들추면

일어서는 거품 속에서
소리가 흘러내려

불현듯 나도 모르게
닦아낸 말의 무늬

기울어진 길 위로 타닥타닥 피는 어둠

까맣게 타버린 냄비 속 감자 같은

더 이상 씻을 수 없는
하루를 벗겨낸다

회전근개 증후군

바닥에 손을 대면

폭포처럼 터지는 비명

바람은 그 오랜 슬픔을

자꾸만 잡아당겼다

어긋난 약속 하나가

뜨겁게 부딪힌다

업로드

죽어가는 모든 것을
받아주는 당신이시여

새들이 흙처럼 떨어지는 이곳에서

온전히 목숨 밭에 꽂아 놓은 심지를 바칩니다

서글피 흘러내리는 촛불 같은 길 위에

내 생을 받으실 때는
소리 없이 잡아주소서

이 잔이
흔들리지 않게
초록 선을 넘지 않게

바람개비

이파리 파닥이는 소리가 들린다

밑창 떨어진 작업화가 덜렁거리고 매듭 풀린 신발 끈을 힘껏 묶는다 온종일 투덜거리며 소처럼 걷는다 덜컹덜컹 십 톤 화물 트럭이 지나간다 내 걸음을 늦추며 내 손목을 잡으며 컨베이어벨트 위 석탄과 함께 휩쓸려 버린 스물네 살의 청춘이 깜박깜박 띄엄띄엄 SOS 신호를 보내온다 재수 없어 아무도 몰라 싱크홀에 빠졌나? 막막한 생의 깊이를 가늠할 수조차 없다 그가 사라진 절벽 아래를 내려다본다 그 아래 어디쯤 가늘고 긴 비명이 통로를 채우며 빠르게 달려온다 오! 신이시여 입안에 핏덩이가 느껴지고, 비린내가 몰려온다 토악질을 견디면서 냄새를 견디면서 풀어진 녹 끈을 힘껏 다시 묶는다 개들이 짖어대고 벌레들이 수군거린다 "너라고 다를 것 같아, 너라고 별수 있어?" 누군가의 목소리가 공중을 울린다 누구도 내 편이 아니라는 것을 벌써 알았지만, 나는 퍼덕거리며 이를 물고 버틴다 조금만 더 손을 내밀면 그의 손을 잡을 수 있겠다 떨어진 번호표를 주워 들고 긴 줄 가운데 아무도 몰래 슬며시 끼어들 수 있을 거다

봄밤에 불 켜고 도는
내 안의 바람개비

빗자루에 관한 명상

이 밤, 나는
바닥 쓰는 빗자루가 되었다

얇은 잠을 밀치고 푸른 등이 켜질 때 빳빳한 머리카락이 왼쪽으로 눕는다 마른 몸 틀어쥔 손에 땀방울이 맺힌다 바닥이 닳을 때마다 내 키도 줄어들어 병뚜껑 같은 슬픔이 구르고 구른다 구석을 쓸다가 머리카락이 가늘어지고 물렁뼈가 닳고 닳아 손이 우는 소리 소리, 구석에 처박혀 박쥐처럼 매달리자 문을 열고 당신 손이 나를 들고 흥얼거린다 흔들고 털 때마다 떨어지는 소리 소리, 단단하던 바닥이 출렁이고 술렁이고 어느 사이 나는 자꾸 짧아지고 얇아진다

빗금 친 길의 무늬가 안으로만 찍힌다

누수

벽 속에서
우는 소리를 듣는다

겨우내
달여 먹던
홍화씨 같은
눈물이

꽃무늬
벽지 사이로

울먹 울먹
차오른다

혓바늘

내 마음 구석에
가시가 자란다

검붉은 돌기가
아슴아슴 만져져

입술을
벌릴 때마다 흘러나오는
비린 한숨

한때는 내 혀도 부드러운 잎새였지

그늘 속에 숨겨놓은
욕망의 잎을 타고
온종일 술렁거린 날은
가시가 돋았어

의심의 목소리가 안개 속을 떠돌아

붉게 물든 달이 구름 속에 갇힐 때

내 혀는 상처투성이
바늘을 쏟아냈어

종이 피아노

먼지를 닦으며 악보를 펼친다

늦가을 나비의 비상을 떠올리며

마르고 뒤틀린 손이 건반을 두드린다

바람이 부풀어 오른 어깨를 스쳐 간다

손가락을 옮길 때마다 내리는 가을비

다 젖은 엄마의 유년이 나지막이 깔린다

번짐에 대하여

안개 속 길을 잃고
너에게로 번져간다

부글거리며 지나온 포자의 시간들

누군가
내 안 깊숙이
거품을 만든다

입에서 쏟아지는
녹색의 변명들

쓰디쓴 기억을
바닥에 풀어 놓으면

아직은 견딜 만하다고
흔들리며 피는 꽃

연기가 온다

흙모래 바닥에
우뚝 선 굴뚝 하나

타다 만 기억이
울컥울컥 올라오는

그을음 까맣게 쌓인
속내를 엿본다

아릿하다
누구를 위해
제 속을 태우는 일

마른 나무 한 다발을 삼키고 난 뒤에

보내온 연기 한 줄을
실눈 뜨고 읽는다

바다를 지우다

청동빛 바다에
떠 있는 쪽배 하나

회칠한 벽 귀퉁이에 유화로 걸려 있다

해무가 차오른 자리에
돌섬이 울고 있다

아무도 손 내밀지 않는
허기진 오후에

빈방에 퍼지는
붓 쓸리는 소리

어둠이
바다를 지우며
두껍게 깔린다

토성의 하루

도시로 가는 길엔
올가미가 떠다닌다

올무에 걸린 들개가
긴 울음을 토할 때

찢어진
혓바닥 위에 떨어지는
놀빛 알약

껍질 벗겨진 전선이
가는 목을 조이고

부서지지 않으려
두 눈 감지 않으려

회색빛 빗소리를 쏟으며

빙빙 도는
토성의 밤

고사목

입안이 바싹 말라
숨을 쉴 수 없을 때

기억을 놓지 않으려 쳐놓은
금줄 한 가닥

바위에 뿌리를 대고
푸른빛을 꿈꾼다

직립의 시간이 조각조각 부서져

뼛속 깊이 새겨둔
얼굴마저 사라지면

드러난 뿌리 사이로
날아가는 흰나비 떼

문장을 줍다

날 새기 전 추모시를 다 쓰지 못했다
망자의 혼백이 한기를 불렀는지
눈보라 휘몰아친다, 기억의 사각 위에

촛불을 켜려다가 그만 주저앉는다
나는 쓴다, 환각을 착시를 흔들림을
흐릿한 물안개처럼 입김을 내뿜으며

얼마나 오랫동안 여기에 있었을까
목소리는 바람 한 점 불러내지 못했고
눈빛은 골목길 안에 토끼처럼 갇혔다

촘촘하게 박히는 이 뜨거운 느낌은
아무래도 여기서 기도를 멈춰야겠다
무엇도 내려오지 않는 막막한 새벽하늘

흔들리는 길

바퀴는 진창을 벗어나지 못하네
흔들리는 일 말고는 아무것도 할 수 없네
헛바퀴 돌리는 일이 내 생을 이끄네

그대를 떠올리면 천 개의 길목이 나와
초록 뱀의 혓바닥처럼 내 맘도 갈라지네
그곳에 남았더라면 우리는 달라졌을까

우연이 필연을 품고 일생을 묶을 때
동전을 높이 던지고 앞과 뒤를 골랐지
통째로 떠오르는 일이 내게 남은 패였네

제2부

리셋 증후군

그녀가 눈앞에서 손가락을 까닥였어.

쉼 없이 혀를 털자 귓속이 윙윙거려. 문기둥에 전깃줄을 칭칭 감아 목을 매. 전기 먹은 몸이 짜릿짜릿 흔들려. 그녀가 재생 버튼을 빠르게 눌러. 두 눈이 핑핑 돌아가고 뾰족한 손가락이 옆구리를 찔러대. 숨이 가빠와 바닥을 기어 기다가 혓바닥으로 문턱을 핥아. 끝없이 깜박거리며 집안을 굴러. 버려진 집이 얼음처럼 투명해. 시퍼렇게 멍든 칼날이 얇은 몸을 지나가. 명멸하는 커서를 따라 폴더에 갇혀. 얼굴이 똑같은 나와 팔이 없는 나가 혓바닥을 날름거리며 웃어대. 일순간 두 발의 엄지발가락이 없어져. 팔다리들이 허물어지고 뼈들이 수북이 쌓인 냉장고 같은 폴더야. 한쪽 눈이 함몰된 내가 한쪽 손을 들고 소리를 질러. 그녀가 버튼을 누르다가 날 바라보며 손가락을 까닥여.

두 손을 번쩍 들지만, 손이 보이지 않아.

물집에 갇히다

발가락 사이에 집을 지은
물방울

밤마다 집을 찾는 소리가 들린다

물소리 멈추고 나니
지붕이 내려앉는다

도마 위에서

지느러미를 잃고 나서 바닥에 눕는다

토막 난 기억이 눈앞에서 뒹굴었다

아무도 몸 안에 그린 새 부리를 읽지 못한다

눈코입 다 깎이고 발톱마저 뽑히던 날

뼈마디에 숨겨놓은 바람이 새 나오고

구멍 난 옆구리에서 날개가 돋았다

망각의 숲

보내는 일에 더는
망설이지 않았다

쓰린 속을 달래며
두 손을 씻고 나서

내리는 빗소리에 맞춰
흑먹을 갈아본다

입술이 부르트고
어금니가 흔들린다

긴 혀로 그려낸
검은 숲의 얼굴

널따란 잎 하나가
두 눈을 가린다

어떤 출구

아무도 이곳을 빠져나갈 수 없다

부르튼 입술 속 백태 낀 혀를 내밀자
칼날 진 매의 눈빛이 상한 폐를 찔러온다

동공에 아로새긴 인식표를 내밀고
떨고 있는 왼손을 오른손으로 잡는다

여기서 몇 걸음만 가면 기둥처럼 네가 있다

벽화

천정에서 물 떨어지는 소리가 들린다

혼자서 받은 시간이 종양처럼 부풀고
내 삶이 움푹 꺼질 때
종유석처럼 매달린다

눈을 뜬 채 누워서 별자리를 더듬는다

네 그림이야? 꿈속에서 여자가 물었지만
손가락 발가락 하나
움직이지 않는다

활활 타는 동백 숲이 눈앞을 스쳐 간다

한 무리가 두드렸으나 열리지 않은 문

어디에 동박새를 둬야 할지
이제야 알 것 같다

바닥에 피 묻은 깃털이 쌓이고
허공에 떠 있는 검은 새의 날갯짓

벽면에 숲 가는 길을
두껍게 그려 넣는다

눈앞에 산

큰 바위 앞에서
무릎이 꺾일 때

눈물이 차올라 산등성이가 젖을 때

어디쯤 쳐다보고 있을
그대가 떠올랐다

목에 걸린 가시처럼
아프게 찌르는

이토록 작은 손으로 댓가지를 흔들어

눈앞에 안개를 피워
산 하나를 지운다

토끼전을 읽다

이불 밑에 넣어둔 책을 꺼내 읽는다
용왕의 속앓이가 빈속을 긁어오면
바위에 널어놓았다는 토끼 간이 만져진다

두 눈에 불을 켜고 귀를 쫑긋 세운다
벼랑 위 맨발로 달려가는 젖은 바람
누구의 간을 훔치러 저리 바삐 가는 걸까

오독의 밤은 깊고 눈앞이 침침하다
샛별이 뜨는 시간 타는 듯한 갈증에
끝장을 넘기지 못하고 삼키는 마른침

폐문

녹이 슨 손잡이를
가만히 돌린다

어긋난 경첩처럼 마음이 삐걱거릴 때

버려둔
빈방 안에서
탄내가 새 나온다

메마른 팔뚝 위로
불거진 핏줄기같이

묻어둔 표정 하나가
문틈으로 보인다

흐릿한 공기 속에서
떠도는
먼지 한 줌

봄, 알레르기

그녀를 만나면 손발이 가렵다
마스크를 당겨 쓰고 고개를 돌렸으나
나의 몸 구석구석에 붉은 반점이 번진다

깨문 입술 밑으로 가려움이 퍼진다
덜 아문 상처 위로 또 한 줄 긋는 손톱
아무리 깎고 깎아도 핏물이 맺힌다

쓰라려 눈 비비면 바늘이 쏟아진다
바람이 불 때마다 얼굴빛이 달라지는
사월의 길목을 떠다니는 꽃가루 같은 내 여자

비 내리는 병상

당신은 바람에 꺾인 우산처럼 누워 있다

불안이 링거를 타고
쉼 없이 떨어지고

살 몇 개 부러진 기억 물방울로 고인다

펴지지 않는 무릎에 손가락을 대보면

어긋난 뼈들이 창살처럼 삐걱댄다

통증이 옆구리를 흔드는지
젖은 몸 뒤집는다

그대가 눈 뜨기를 의자가 되어 기다린다

출렁이며 일렁이며 다가오는 물 주름

힘없이 떨고 있는 손을
슬며시 잡는다

귀벌레

겨우내 물에 젖은 껍질을 갉아 먹고
귓속을 구르며 벌레가 자랐다

밖으로 꺼내려 하자
툭 떨구는 음표 하나

봄 햇살을 삼키고 가지를 키우던
살 오른 벌레가 날개를 가졌다

계절을 바꿀 때까지
쏟아내는 은빛 울음

새장이 되다

새의 깃털이 밤마다 바닥에 떨어진다

알 낳을 조짐은 보이지 않았어 배만 크게 산처럼 불렀어 검은 손이 자꾸만 문을 열고 들어온다 새장 바닥에 무엇인가 부딪힌다 툭툭 기억이 튀어 오른다 새장 바닥에 툭툭 기억이 떨어진다 그 위로 화선지 같은 눈이 쌓인다 붓이 끌고 가는 시간이 내 손을 잡아끈다 손 내밀면 금세 사라질 것 같은 얼굴, 기억의 홍수 속에 빛나는 울음 하나 너의 찢어진 옷자락, 젖은 머리카락 한 올 한 올, 얼굴에 새긴 구름무늬 검은 거울을 들여다본다

내 젖은 머리카락 속에 새가 알을 낳는다

돌을 갈며

돌칼을 만들려고 깨진 돌을 씻는다

깊게 팬 자리에 빗물이 고일 때 돌 가는 소리가 새벽을 깨운다 하늘을 가로지르는 별똥별이 떨어질 때 조각난 검은 돌이 서서히 작아질 때 뾰족하게 솟아오른 눈빛과 마주할 때 돌 위에 돌을 대며 매 한 마리 새긴다 닳아 터진 손으로 칼날을 다듬는다

갈아서 다 날리고 남은 내 생의 돌칼 한 자루

가시덤불 속에 핀 꽃

목말라 눈 뜨는 새벽바람을 삼키네

그대는 흰 잎, 향기 날리는 봄 머리카락 한 올도 보이지 않아서 가시 돋친 줄기에 가려지고 덮여 있네 부러진 손톱은 지친 사랑의 흔적 돌아갈 길 잃은 날은 가시에 찔리고 아침이 오기 전 맨발로 찾아가네

초록 잎 가시덤불 속 찔레 같은 내 여자

각인

햇살을 피해 달아난
풀뱀같이 쫓기다가

나뭇잎 그림자 되어 숲으로 숨어든다

검은 돌 살에 대고 비벼도
지워지지 않는 무늬

제3부

어떤 이별

그때는 밤이었고
목젖이 아팠다

달빛 내려왔고 잘못 든 길이 보였다

그 길을 그녀의 그림자가
스르르 지나갔다

근처, 문조차 사라진 폐가에서
새벽 내 서성이며 돌아오길 기다렸으나

찢기고 피 묻은 옷이
담벼락에 걸려 있다

악몽을 꾸다

악취를 풍기며 검은 물이 들어온다

장판 밑 묻어놓은 말의 뼈가 출렁인다

두 주먹 움켜쥔 채로 밤의 문을 두드린다

열리지 않는 문은 빈틈없는 벽이 된다

도끼에 찍힌 상처에 거품이 일어난다

꿈인 듯 옆구리에서 지느러미가 자란다

물병자리

목이 긴 물병에 별빛이 떨어진다

오래전 지워버린 기억의 뿌리에서

시간의 즙을 짜낸 뒤
몇 방울 넣는다

복숭아 향이 스르르 방안에 퍼지고

허공을 떠돌다 눈앞에서 사라진

내 마음 물음표 한 개가
부표처럼 떠오른다

종이집

종이상자는 길 위에서 집이 되었다
장판도 없는 바닥에 곰팡이가 자라고
발바닥 분화구 같은 구멍이 깊어졌다

문패를 대문에 달고 눈물이 차오를 때
늙고 병든 거미들이 줄지어 찾아왔다
밤마다 그물을 펴놓고 먹이를 건졌다

충전 시간

죽지 않을 만큼만 힘껏 때려 주시길
심장이 쿵쿵쿵 부서질 것 같아
온몸에 전깃줄을 꽂고 시퍼렇게 멍이 들도록
문어 빨판 같은 흡착기 대롱대롱 달린 꿈
찌릿찌릿 찌가 오르듯 분노가 차오를 때
두고 봐 살아나는 소리가 심장처럼 들린다

질투의 여신

어떤 눈먼 여자가 당신의 손을 잡아끌 때

당신은 낚싯줄에 걸린 붕어처럼 끌려가겠지 말리는 내 말은 비린내 풀풀 나겠지 손끝에 비늘 같은 땀방울이 질척일 거야 그 여자 당신의 머리를 만지면 당신은 모른 척 머리를 맡기겠지 해롱해롱 미소 지으며 두 손을 내밀겠지 내 말은 귀퉁이로도 들리지 않겠지 냄비 바닥같이 뜨거워진 내 속이 매운탕처럼 끓어올라도 당신은 꽃피는 봄날이라며 콧노래 부르겠지

여자가 쉴 새 없이 떠올라 숨 막혀 죽을 거야

담쟁이

담 넘다 들켜서
손가락을 잃었다

조각조각 부서진 손이 바스락대며 바닥을 긁는다

밑에서
끝도 없이 묻는
너머의 풍경 하나

저녁

눈앞에
포병처럼 서 있는
굴뚝 하나

밤의 적막 견디며
불꽃을 삼킨다

그을음 가득 쟁여놓고
하늘을 겨눈다

우중 터널

국도 위로 초록 비가 콩 볶듯이 쏟아져
비명을 내지르던 나무가 휙 부러진다
터널을 지나는 동안 차는 점점 무겁다

빗속을 달려온 차들이 머뭇거린다
소리를 지르려고 크게 벌린 입 구멍에
나방의 날개 비늘이 폭포처럼 쏟아졌다

표류

사람을 잃고 널빤지처럼 세상을 떠다녔다
부러진 깃대가 물거품으로 피어오르고
천정의 고동 소리가 온밤을 흔들었다

죽음을 건너온 사내들이 몸을 털고
돌섬에서 돌섬으로 검은 돌을 던진다
제사상 차리자마자 까마귀가 달려온다

염소의 노래

한 번도 가시 울을
뛰어넘지 못했다

가까이 갈수록 통증이 되살아나

어디쯤 발목을 잡혀
한자리만 맴도는가

저무는 이야기에
산이 다시 붉어지는지

뛰지도 않았는데
무릎이 애리다

뿌리째 흔들거리는
굽 빠진 발 같은

그림자를 지우다
—독수정에서

마침내 나 홀로
견뎌야 할 시간이다

허기는 빈 우물처럼
마음에 거미줄 치고

구멍 난
가마솥으로
물을 흘려 보낸다

소문 없이 따라오는
너의 거친 숨소리

그림자를 지우러
숲으로 들어간다

다시는
잡히지 않으려고

한 그루
나무가 된다

장롱

왼쪽으로 삐딱하게 기울어진 어깨선

구두 뒤축같이 닳고 닳은 뒷모습

슬며시
머릿속에

돌멩이 하나를
끼워 넣는다

이명

물에 젖은 시간이 기억을 부풀린다

빙빙 돌다 멈춰 선 세탁기 속 빨래처럼 구석에 웅크리고 기다리고 있었어 거품을 일으키며 견디는 탈색의 시간 홍건하게 젖어 있는 귓속의 벌레 소리 내 안은 그대 남긴 얼룩으로 가득해 동굴처럼 길어지고 입구처럼 아득해져 멈추지 않는 울음소리를 들으며 아득한 기억을 어둠 속 돌리고 나면 건조대처럼 빳빳하게 서 있는 네가 보여 황무지에서 날아오는 흙먼지처럼 덮고 또 덮는 바싹 마른 풀잎의 울음소리를 만나 거기에서 내 유년의 뚜껑을 열 수 있을까 날 쳐다보는 네 미소를 지울 수 있을까

사막의 메마른 시간을 견딜 수 있을까

입술

잇몸이 뭉개졌다
당신의 우물처럼

거품을 문 입에 핀 이끼 같은 그리움

주름진 말의 덮개를 꾹 눌러 덮는다

겨울 눈

겨우내 귓속에서
바람이 자랐다

겹겹이 슬픔을 껴입고 온 젖은 눈

붉게 핀 동백 한 송이가
머리를 떨군다

오십견

어깨가
낡은 싸리비처럼
뽑힐 것 같아

팔을 올릴 때마다
비명이 쏟아진다

쓸어낸 흙바닥을 딛고
일어서는 붉은 손

제4부

꽃 진 후

당신의 눈가에
그늘이 져 있네

누가 가져 갔을까
정오의 햇살을

꽃잎이 춤추던 자리
검은 씨만 남아 있어

땅끝에 와서

두 발 쿵쿵 다지다 손바닥 마주치다

얼굴 붉어지다 목소리 굵어져서 미친 듯이 고래고래 소리를 지르다가 만나는 득음 같은, 다시는 돌이킬 수 없는 엎질러진 물잔 같은, 아버지가 건네준 마지막 유언 같은, 엄마가 남겨놓은 오십 년 씨간장 같은, 그래서 그래서 끝내 모자란 것 같은, 부서지고 무너지고 달랑 남은 금반지 빼서 팔아버린 내 가난한 생 같은, 이 거친 손을 다시 잡아주는 당신 같은,

여기서 지금 여기서 눈물 왈칵 쏟을 것 같은

선풍기

큰 날개를 펄럭여도
결코 날지 못하는

힘껏 발을 굴려도
한 발도 못 나가는

끝끝내 놓아주지 않는 무겁고 억센 바닥

찌는 듯한 방안에서
울음을 뿌리며

누군가를 대신해서 내미는 거룩한 손

바람이 태어나는 순간
손가락은 날개가 된다

운신의 폭

간신히 몸 비틀어 펄럭이고 싶었지만

네 앞에서 한 발도 나아가지 못했다

긴 밤을
찢는 소리는
누구의 것일까

어깻죽지가 뽑힐 것 같은 통증이 일 때

들린다, 허공에 피는
몇 장의 비명들

날아간 새를 꿈꾸며
바람길을 긋는다

선인장

더운 바람 앞에서
한 잎도 피지 못하리

쟁쟁한 슬픔에
뾰족해지려는 마음이

스르르 소름으로 돋아
바늘처럼 깔리네

지는 것은 버려두고
하늘을 보려 했으나

끝도 없이 몰려오는
이 지독한 햇살은

사막의 모래알처럼
내 안을 채우네

웃풍의 기억

너는 온다
예정된 부고처럼
스멀스멀

허기의 꼬리를 물고
타닥, 타다닥
파고드는

누구도
막을 수 없어
울음이 새는 창문

시간을 해동하다

내 안은 층층이
빙하가 들어찼어

녹았다 얼었다
변해버린 눈코입

풀어진 뼈마디에선
비명이 들렸어

기억을 씹은 자리에
돌멩이가 박혔는지

어금니가 부풀고
바람이 머물러

흔들린 마음 한쪽은
아프지 않았어

어떤 반전

불꽃을 삼키며
손 높이 올린다

공갈빵처럼 부푸는 내 낡은 혓바닥

뜨거워
뒤집으려고
파전 같은 시를 쓴다

발치 전

어금니 뿌리 밑에 고름이 찼다고
참다 보면 가끔은 살기도 한다고
곧바로 뽑아내기엔 미련이 남는다고

하루살이처럼 돌다가 주저앉은 흰 벽 앞에
슬며시 다가가는 당신의 손바닥
아직은 아니라는데 물 떠 놓고 비는 시간

폐선로, 푸른 길에서

건널목이 있던 자리, 눈앞이 아득해
침묵이 흔들리는 소리가 들린다
시간을 두드리면서 기차는 달려오고

그 앞에 선 나는 젖은 말을 되새긴다
초여름 철로 옆에 풀꽃이 피어날 때
노을이 다복솔 위로 핏빛 울음을 흘릴 때

기차 소리 덜컹덜컹 기적을 꿈꾸는지
창문에 매달린 눈빛을 만나곤 해
지금은 푸른 길이 된, 그가 손을 흔든다

널브러진 잎들이 끌고 온 길 위에
아무도 모르게 국화 한 송이 떨군다
내 몸은 빗속에서도 쉼 없이 덜컹거린다

이별 후

구멍 뚫린 종이연이
나무에 내걸려

줄 끊긴 얼레를 잡고
주저앉은 날 부르네

어쩌나 닿지 않는 사랑이
저토록 출렁이는데

노루발

바닥을 누르고
바늘을 박는다

스르르 올라오는 실 같은 한 줄 일생

그대의 갈라진 발에
움푹 팬 물줄기

조금만
오른쪽으로
고개를
돌려줘

그래 거기에
붉은 실을 보내줘

아득한 초록 바탕 위에

조각난 손을
올려봐

겨울 창문

차가운 바람 한 점 들어오지 않도록
어긋난 창문 틈새에 문풍지를 붙이고
바람이 문을 두드리는 소리를 듣는다

이제 다시는 말을 걸지 않을 거야
벌어진 마음에 올라오는 흰 거품
눈 감고 닫힌 문으로 그대 앞에 서 있다

로드킬

달리는 차 뒷바퀴에 고양이가 치였다

길 너머에는 꽃잎이 떠가는 개울이었다

두 눈에 산 그림자가 하늘하늘 떠 있었다

눈치 없이

눈앞에서 치자꽃 피는 것 본 적 있어?

배고파서 손 내밀다 욕만 냅다 먹었어 회사 그만두고 통장 다 털리고 주식은 똥 됐고 영락없는 노숙자였지 일 찾아 돌아다녔는데 간 데마다 헛걸음 돌아와 보니 방구석에 그녀가 남긴 화분 하나 밥도 아닌 통조림도 아닌 화분이라니 미친 척 걷어차려다 욕이란 욕 다 했지! 누가 부르는 것 같아 고개를 돌렸어

메마른 치자나무가 하얀 꽃을 피웠어

4월, 대밭에서

우기의 불빛이
스멀스멀 다가온다

매캐한 연기가 자욱한 공기의 집

검은 숲
담을 넘어간
달빛이 출렁인다

가까이 개울에는 거품이 일어나고

죽은 새가 떠올랐다는
소문을 듣는다

솨 솨솨 빗물을 먹고
깃을 치는 4월의 댓잎

빨래 널기

여기에 줄을 묶어 쭉 끌고 저기까지 가

그래그래 조금만 더 낮춰 봐 잘 묶어

딱 좋아 옷을 걸다 보면 옷이 축 처지거든

빨래가 한쪽으로 밀리지 않도록

내 생의 한나절이 고르게 마르도록

조금씩 간격을 두고 띄엄띄엄 걸어봐

해설

뒤집어서 다시 보는 세계를 위하여

우대식(시인)

임성규의 시조집 『바늘이 쏟아진다』를 읽으며 지난 계절 어느 문예지에 실렸던 시조 형식에 대한 첨예한 논쟁을 다시 떠올리게 되었다. 정격에 대한 고수와 형식적 실험에 대한 옹호 모두 각각의 논(論)이 있기에 옳다 그르다를 따지는 일은 이 자리에서 논할 바는 아니다. 다만 분행을 통해 이루지는 시적 긴장과 이완의 문제는 분명 미학적 규명이 필요할 것이라는 생각이다. 임성규의 시조도 형식에 대한 고수와 일탈이라는 경계에서 자신의 시조를 꽃피우고 있는 것만은 분명한 사실이다. 이 시집은 평시조 율격을 바탕으로 유연한 형식적 변형과 육화된 사설시조 형식을 통해 시조를 읽는 다양한 맛을 선사해 주고 있다.

시집 전체를 여러 번 읽으며 특이했던 것은 대개 한 권의 시집 속에 있을 법한 작품의 편차가 거의 없다는 점이다. 칼을 오래 다룬 장인이 칼을 다루듯 일관된 시정신이 고루 배여 있다는 생각을 하게 되었다. 또한 이 시집 전체를 압도하고 있는 것은 선연한 이미지라고 할 수 있다. 현대 시학에서 애매성이란 의미 해석의 다양성을 전제로 하는 것이고 이를 구체적으로 실현하는 방법이 이미지의 구현일 터이다. 그러한 점에서 임성규의 시조가 가진 현대성은 이 지점에 위치한다고 볼 수 있다.

달리는 차 뒷바퀴에 고양이가 치였다

길 너머에는 꽃잎이 떠가는 개울이었다

두 눈에 산 그림자가 하늘하늘 떠 있었다

—「로드킬」 전문

거리에서 죽음이라는 하나의 상황이 제시된 이 시에는 선명한 이미지가 아로새겨 있다. 그러나 전문에는 시적 화자가 지향하는 어떤 의미망도 찾을 수 없다. 차에 치인 고양이와 꽃잎이 떠가는 개울 그리고 죽은 고양이 눈에 서린 산 그림자가 이 시의 전부이다. 이 시에서 어떤 의미망을 찾는다면 그것은 제

목에서 유추할 수 있다. 끝내 길 위에서 죽어가야 하는 존재의 비애가 그것이다. 그러나 이 시의 가장 큰 울림은 어떠한 가치의 판단도 배제한 채 그리고 있는 죽은 고양이의 눈에 비친 "산 그림자"이다. 모든 해석의 몫을 독자에게 돌려주는 이러한 방법론은 이 시집 전체에서 관철되는 시적 장치인 셈이다.

슬픔이 바닥을 쓸고 오는 소리 들네

멈추지 마

소리치고 망설이는 저 떨림을

어쩌지

휘어진 어깨에

내리는

흰 재는

—「아버지의 붓」 전문

"슬픔"이라는 관념마저 감각적 이미지로 변환시켜 놓은 이

시 역시도 구체적 의미를 드러내는 것을 극히 삼가고 있다. 아버지가 붓글씨를 쓰는 행위를 고도의 감각으로 그려놓을 뿐이다. "멈추지 마", "어쩌지"와 같은 의미가 고인 시어들조차도 "휘어진 어깨에//내리는//흰 재"라는 이미지로 수용되어 아버지의 전 생애를 압축적으로 드러내는 장치로 활용되는 것이다. "휘어진 어깨", "내리는", "흰 재" 등은 아버지의 이미지에 그럴듯하게 어울리는 것으로 인지되기 십상이지만 그것들이 하나의 덩어리를 이루었을 때 독자의 감각의 촉수는 미묘한 비극성과 더불어 정신적 견인주의를 만나게 된다. 비단 위에 인용한 두 작품뿐만 아니라 많은 시편에서 제목은 시의 의미망을 구성하는 중요한 요소로 작용한다는 점에서 시의 한쪽 날개인 셈이다.

감각적 이미지를 통한 시적 형상화가 대상을 표현하는 주된 방법론이라면 투철한 내면적 결핍에 대한 응시는 자기 정체성과 관련을 맺고 있다.

> 종이상자는 길 위에서 집이 되었다
> 장판도 없는 바다에 곰팡이가 자라고
> 발바닥 분화구 같은 구멍이 깊어졌다
>
> 문패를 대문에 달고 눈물이 차오를 때
> 늙고 병든 거미들이 줄지어 찾아왔다

밤마다 그물을 펴놓고 먹이를 건졌다

—「종이집」 전문

위에 인용된 시는 이른바 연시조로서 임성규 시인이 즐겨 쓰는 시조의 형식이다. 고전시가인 단가의 경우 각 연이 의미적 독립성을 지녔다면 현대시조에 와서는 모든 연이 의미적 연결성을 띠고 있는 것이 일반적이다. 연시조 형식에는 단시조 형식의 간결성을 넘어서고 싶은 욕망과 함께 사설시조처럼 펼쳐지기를 거부하는 지점의 형식적 특성을 지니고 있다 할 것이다. 애초에 연시조로서 연은 고정된 정수가 없는 까닭에 필연적으로 형식을 규제하는 내용과의 관계 속에서만 그 답을 구할 수 있을 터이다.

임성규의 시조에서 더러 보이는 무너진 지붕, 폐가 또는 집의 이미지는 현실적 인식이 함유되어 있다. 상황에 대한 예리한 관찰과 거기에서 비롯되는 우화적 상상력이 「종이집」의 전체적 의미 구조이다. 길 위에 떠돌던 종이상자가 우연히 "늙고 병든 거미"들의 집이 되는 장면은 눈물겹다. "밤마다 그물을 펴놓고 먹이를 건졌다"는 거미의 행위가 더 넓게 사람살이에 대한 상상력으로 확장되었을 때 "종이집"의 상징성은 강화되는 것이다. 그런 의미로 보자면 연시조 구조 속에 상황과 확장이라는 두 축이 자리 잡고 있음을 알게 된다.

국도 위로 초록 비가 콩 볶듯이 쏟아져
비명을 내지르던 나무가 휙 부러진다
터널을 지나는 동안 차는 점점 무겁다

빗속을 달려온 차들이 머뭇거린다
소리를 지르려고 크게 벌린 입 구멍에
나방의 날개 비늘이 폭포처럼 쏟아졌다

—「우중 터널」 전문

두 수 형식인 인용 시도 상황과 확장이라는 구조 속에서 이해할 수 있다. 이 시는 "초록 비"가 내리는 어느 여름날 차를 몰고 터널을 통과하는 장면을 감각적으로 그리고 있다. 첫 연이 터널을 통과하는 상황이라면 둘째 연은 터널을 나갈 때 마주한 감각적 인상을 그리고 있다. 비가 내리는 장면을 "나방의 날개 비늘이 폭포처럼 쏟아졌다"는 감각적 묘사로의 전환은 전혀 새로운 세계로 독자를 이끈다. 들뢰즈는 대상을 정확히 재현하는 것은 예술이 아니라고 말한다. 대상을 둘러싼 힘들의 분포가 만드는 강도(intensity)적 분위기를 표현하는 것이 예술이라는 것이다. 강도란 표상적인 것에 가려져 포착하기 힘든 것이며 따라서 감각할 수는 있지만 감각밖에 할 수 없는 것이다. 바로 이 보이지 않는 무언가에 대한 생각이 사유이며 그것의 드러냄이 예술인 셈이다. 이 시는 "비"와 "터널"이라는 대상을 둘러싼 보이지 않는 힘을 "나방의 날개 비늘이 폭포처럼 쏟아졌다"고 표현하고 있는 것이다. 이 장면은 비가 내리는 터널의 안과 밖의 전혀 다른 세계를 연출한다. 나방의 날개가 폭포처럼 쏟아지는 세계는 우리가 속한 현실의 세계가 아닌 것이다.

시를 쓴다는 일은 끊임없이 자신을 들여다본다는 사실과 정확히 일치한다. 모든 예술이 그러하다고 해도 틀린 말은 아닐 것이다. 렘브란트나 고흐가 스스로의 얼굴, 즉 자화상을 그리는 데 상당한 공력을 바쳤던 것이 이를 증명해 준다. 이 시집에 그려진 임성규의 자화상은 궁극적으로는 시인의 초상이 무엇인가에 대한 물음으로 귀결된다고 할 것이다.

왼쪽으로 삐딱하게 기울어진 어깨선

구두 뒤축같이 닳고 닳은 뒷모습

슬며시
머릿속에

돌멩이 하나를
끼워 넣는다

—「장롱」 전문

임성규의 시조가 범상치 않은 것은 대상의 이면적 성격에 대한 독특한 해석을 통해 사물에 중층적 성격을 부여한다는 사실이다. 인용 시에서 초장과 중장은 오래된 장롱의 외형적 묘사에 불과하다. 그러나 종장의 풍경은 기이한 그로테스크의 형상을 독자에게 제시한다. "슬며시/머릿속에//돌멩이 하나를/끼워 넣"는 장면은 영국의 화가 프랜시스 베이컨의 그로테스크한 인물화를 떠올리게 한다. 이 지점에 대한 사유가 임성규의 시적 가능성이라 할 수 있다. 장롱이 자화상의 비유물로 그려지고 기울어진 장롱을 바로 세우기 위해 장롱의 발굽이 아니라 자신의 머릿속에 돌멩이를 끼워 넣는 장면은 압도적인 인상을 제공한다. 끊임없이 돌멩이를 끼워 넣어야 하는 운명은 시시포스의 신화를 떠올리게 한다.

도시로 가는 길엔
올가미가 떠다닌다

올무에 걸린 들개가
긴 울음을 토할 때

찢어진
혓바닥 위에 떨어지는

놀빛 알약

껍질 벗겨진 전선이
가는 목을 조이고

부서지지 않으려
두 눈 감지 않으려

회색빛 빗소리를 쏟으며

빙빙 도는
토성의 밤

—「토성의 하루」 전문

시적 화자는 "도시로 가는 길엔/올가미가 떠다닌다"는 비극적 공간 인식을 보여준다. 도시로 가는 길에서 본 "올무에 걸린 들개"는 문명을 살아가는 인간에 대한 알레고리임은 어렵지 않게 간파할 수 있다. 그럼에도 불구하고 도시에서의 삶을 영위해야 하는 현대인의 숙명은 바로 "껍질 벗겨진 전선이/가는 목을 조이"는 형국과 일치한다. 그 비애는 토성의 고리처럼 중심으로 진입하지 못한 채 주변을 빙빙 돌아야 하는 존재라는 점에서 비롯된다. "올무에 걸린 들개"란 시적 화자 자신의 표상이기도 하다. 하여 "부서지지 않으려/두 눈 감지 않으려" 애쓰는 모습에서 깨어있는 자의 고통을 엿보게 되는 것이다. 이 절망감은 "아무도 이곳을 빠져나갈 수 없다"(「어떤 출구」)는 고백을 동반한다. 실존적 자아가 할 수 있는 일이란 끝없이 자아를 응시하는 것이다.

> 돌칼을 만들려고 깨진 돌을 씻는다
>
> 깊게 팬 자리에 빗물이 고일 때 돌 가는 소리가 새벽을 깨운다 하늘을 가로지르는 별똥별이 떨어질 때 조각난 검은 돌이 서서히 작아질 때 뾰족하게 솟아오른 눈빛과 마주할 때 돌 위에 돌을 대며 매 한 마리 새긴다 닳아 터진 손으로 칼날을 다듬는다
>
> 갈아서 다 날리고 남은 내 생의 돌칼 한 자루
>
> —「돌을 갈며」 전문

마치 신석기인들이 수렵을 위해 돌을 갈아 칼을 만드는 과정으로서 "깨진 돌을 씻는" 시적 화자의 모습은 비장함을 품고 있다. 연약한 존재자로서 세계에 맞서기 위한 유일한 도구인 칼의 속성은 "매 한 마리 새긴다"는 표현 속에 잘 담겨져 있다. 자유와 함께 자신의 운명을 누구에게도 맡길 수 없다는 자존

이 매의 표상을 통해 드러난다. "돌칼"의 상징성은 종장을 통해 추론이 가능하다. "갈아서 다 날리고 남은 내 생의 돌칼 한 자루"라는 표현을 통해 시인이 끝내 포기할 수 없는 절대적 가치가 "돌칼"의 상징이라는 것을 알 수 있다. "갈아서 다 날리고 남은" "돌칼"이란 시인으로서의 자기 정체성이라 볼 수 있다. 그런 점에서 "장롱"이나 "올무에 걸린 들개", "돌칼"을 통해 보여주는 임성규의 자화상이 일상적 자아가 아니라 시인의 초상이라는 데 끈이 닿아 있음을 알 수 있다.

불꽃을 삼키며
손 높이 올린다

공갈빵처럼 부푸는 내 낡은 혓바닥

뜨거워
뒤집으려고
파전 같은 시를 쓴다

—「어떤 반전」 전문

인용 시는 시를 쓰는 한 과정을 보여준다. 또한 메타적 관점에서 시란 무엇인가에 대한 인식을 함께 포함하고 있다. 부조리한 세계에서 시인이 어떻게 시를 쓰고 살아야 하는가의 현실적 대응까지 보여주고 있는 것이다. 앞서 말했듯이 임성규의 시에서 제목이 지니는 역할은 매우 중요하다. "어떤 반전"이란 일상적 세계에 대한 역전이며 배반을 뜻한다. 시는 초장부터 심각한 발화로 시작한다. "불꽃을 삼키며/손 높이 올린다"는 설정은 고양된 육체와 정신의 상태를 의미한다. "공갈빵처럼 부푸는 내 낡은 혓바닥"이란 허구의 세계를 노정해야 하는 문학의 특질을 암시하는 동시에 자기반성의 뉘앙스를 동시에 품고 있다. 종장은 시인의 정체성이 그대로 드러난다. "뜨거워/뒤집으려고/파전 같은 시를 쓴다"는 고백적 진술이야말로 왜 시인으로 살아가느냐의 물음에 대한 답의 형식을 띠고 있다. 뒤집고 싶다는 욕망이야말로 우리가 믿고 사는 일상에 대한 반란이며, 일상이라는 이름의 이면에 담긴 진실을 알고자 하는 심리적 기제인 것이다. 시란 단순히 아름다운 대상의 표상이 아니라 숨은 신을 찾아가는 과정이라는 것을 임성규의 시는 역력히 보여준다.

> 내 마음 구석에
> 가시가 자란다
>
> 검붉은 돌기가
> 아슴아슴 만져져

입술을
벌릴 때마다 흘러나오는
비린 한숨

한때는 내 혀도 부드러운 잎새였지

그늘 속에 숨겨놓은
욕망의 잎을 타고
온종일 술렁거린 날은
가시가 돋았어

의심의 목소리가 안개 속을 떠돌아
붉게 물든 달이 구름 속에 갇힐 때

내 혀는 상처투성이
바늘을 쏟아냈어

—「혓바늘」 전문

“부드러운” “혀”가 “바늘을 쏟아”내어 상처투성이가 되는 과정이 시의 다른 이름일 것이다. “의심의 목소리가 안개 속을 떠”돈다는 사실에 대한 직시야말로 사건이라 할 수 있다. 이 사건 앞에서 사유하기 시작할 때 시인의 혀는 상처투성이가 되는 것이며, 감추어진 세계의 진실을 향해 나가는 단독자로서의 시인이 되는 것이다. 그러한 의미로 "바늘"이란 일상에 매몰된 자아를 집요하게 일깨우는 사물로 기능하게 된다.

임성규의 시조는 차분한 어조로 보이지 않는 세계를 끈질기게 관찰하고 그 기운을 묘사해 내고 있다. 표상된 세계를 재현하려는 고전적 개념으로부터 거리감을 둔 채, 현실적인 시각으로 약간은 불안한 의미망을 집요하게 끌고 가고 있는 것이다. 그것은 임성규가 사물의 이면을 바라보는 눈이 있다는 말이 될 터이다. 형식은 내용에 깊은 영향을 미친다. 시조의 형식으로 임성규가 끌고 가는 현대성의 의미가 어떻게 진화하느냐에 대한 여부는 현대시조의 미래와도 직결이 된다고 할 것이다. 그 여정이 자못 궁금해진다.

시인동네 시인선 218

바늘이 쏟아진다

ⓒ 임성규

초판 1쇄 인쇄 2023년 11월 3일
초판 1쇄 발행 2023년 11월 10일

지은이 임성규
펴낸이 김석봉
디자인 헤이존
펴낸곳 문학의전당
출판등록 제448-251002012000043호
주소 충북 단양군 적성면 도곡파랑로 178
전화 043-421-1977
전자우편 sbpoem@naver.com

ISBN 979-11-5896-621-8 03810

※이 시집은 광주광역시, 광주문화재단의 지역문화예술육성지원(전문예술인지원)으로 지원받아 발간되었습니다.

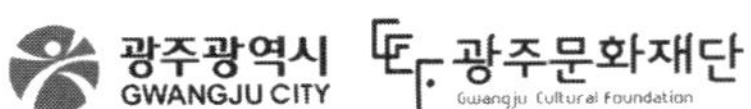